CADA PARTE DE ESTA TIERRA ES SAGRADA PARA MI PUEBLO

El discurso atribuido al jefe indígena Si'ahl, recreado por Ted Perry en 1970, se reproduce con el permiso de Ted Perry.

Publicado por AKIARA books
Plaça del Nord, 4, pral. 1a
08024 Barcelona (España)
www.akiarabooks.com/es
info@akiarabooks.com

Primera edición: noviembre de 2019
Colección: Akiparla, 2
Diseño y coordinación de la colección: Inês Castel-Branco

Este libro ha sido impreso con papel certificado FSC, proviene de fuentes respetuosas con la sociedad y el medio ambiente y puede ser considerado un «libro amigo de los bosques».

Impreso en dos tintas, el texto interior en papel reciclado Shiro Echo Blanc de 120 g/m² y la cubierta en cartulina Kraftliner de 250 g/m².
Se usaron las fuentes Celeste Pro Book, Helvetica Narrow y Franklin Gothic Std.

Impreso en España
@Agpograf_Impressors
Depósito legal: B 24.791-2019
ISBN: 978-84-17440-49-7

SI'AHL/
/TED PERRY

CADA PARTE DE ESTA TIERRA ES SAGRADA PARA MI PUEBLO

Edición y comentario de Jordi Pigem // Ilustraciones de Neus Caamaño //
Edición bilingüe

ÍNDICE

DISCURSO
Pronunciado por el jefe indígena Si'ahl en 1854, recreado por Ted Perry en 1970

CLAVES DEL DISCURSO
Palabras que reverberan a través del tiempo

DISCURSO PRONUNCIADO POR EL JEFE INDÍGENA SI'AHL EN 1854, RECREADO POR TED PERRY EN 1970

Every part of this earth is sacred to my people. Every shining pine needle, every tender shore, every vapor in the dark woods, every clearing, and every humming insect are holy in the memory and experience of my people. The sap which courses through the trees carries the memories of the red man.

Cada parte de esta tierra es sagrada para mi pueblo. Cada aguja de pino que brilla, cada amable orilla, cada neblina en los bosques frondosos, cada claro en la espesura y cada insecto con su zumbido son sagrados en la memoria y en la experiencia de mi pueblo. La savia que recorre los árboles lleva los recuerdos del hombre de piel roja.

We are a part of the earth and it is a part of us. The perfumed flowers are our sisters; the deer, the horse, the great condor, these are our brothers. The rocky crests, the juices in the meadows, the body heat of the pony, and man all belong to the same family.

Somos parte de la tierra y la tierra es parte de nosotros. Las fragantes flores son nuestras hermanas; el venado, el caballo y el gran cóndor son nuestros hermanos. Las crestas rocosas, el vigor de los prados, el calor del cuerpo del caballo y el ser humano, todos somos miembros de la misma familia.

So when the Great Chief in Washington sends word that he wishes to buy our land, he asks much of us.

What Chief Seathl says, the Great Chief in Washington can count on as surely as our white brothers can count on the return of the seasons.

Chief Washington also sends us words of friendship and goodwill. This is kind of him.

Por eso cuando el Gran Jefe de Washington nos hace saber que desea comprar nuestra tierra, nos está pidiendo mucho.

En lo que dice el Jefe Si'ahl, el Gran Jefe de Washington puede confiar tanto como nuestros hermanos blancos confían en el regreso de las estaciones.

El Jefe Washington también nos envía palabras de amistad y de buena voluntad. Es amable de su parte.

So we will consider your offer to buy our land. It will not be easy. This land is sacred to us. We take our pleasure in the woods and the dancing streams. The water that moves in the brooks is not water but the blood of our ancestors. If we sell you the land, you must remember that it is sacred to us, and forever teach your children that it is sacred. Each ghostly reflection in the clear water of the lakes tells of events and memories in the life of my people. The water's gurgle is the voice of my father's father. The rivers are our brothers; they quench our thirst. The rivers, between the tender arms of their banks, carry our canoes where they will. If we sell our land, you must remember, and teach your children, that the rivers are our brothers, and yours, and you must henceforth give the rivers the kindness that you would give to any brother.

Por eso consideraremos vuestra oferta de comprarnos la tierra. No será fácil. Esta tierra es sagrada para nosotros. Nos encantan sus bosques y sus arroyos que danzan. El agua que fluye en los torrentes no es agua, sino la sangre de nuestros antepasados. Si os vendemos la tierra, debéis recordar que es sagrada para nosotros y enseñar siempre a vuestros hijos que es sagrada. Cada reflejo espectral en las aguas cristalinas de los lagos habla de acontecimientos y recuerdos en la vida de mi pueblo. El borboteo del agua es la voz del padre de mi padre. Los ríos son nuestros hermanos; sacian nuestra sed. Los ríos, entre los amables brazos de sus orillas, llevan nuestras canoas a donde quieren. Si os vendemos nuestra tierra, debéis recordar, y enseñar a vuestros hijos, que los ríos son hermanos nuestros y vuestros, y a partir de ahora debéis tratar a los ríos con la bondad con que trataríais a un hermano.

So Chief Seathl will consider the offer of Chief Washington. We will consider. The red man has always retreated before the advancing white man, as the mist of the mountain slopes runs before the morning sun. To us the ashes of our fathers are sacred. The graves are holy ground, and so these hills, these trees. This portion of earth is consecrated to us.

Por eso el Jefe Seathl considerará la oferta del Jefe Washington; la consideraremos. El hombre de piel roja siempre se ha ido retirando ante el avance del hombre blanco, como la niebla de las laderas de las montañas huye del sol matinal. Para nosotros, las cenizas de los antepasados son sagradas. Las tumbas son tierra santa, y también estas colinas y estos árboles. Este trozo de tierra ha sido consagrado a nosotros.

The white man does not understand. One portion of land is the same to him as the next, for he is a wanderer who comes in the night and borrows from the land whatever he needs. The earth is not his brother, but his enemy, and when he has won the struggle, he moves on. He leaves his fathers' graves behind, and he does not care. He kidnaps the earth from his children. And he does not care. The fathers' graves and the children's birthright are forgotten by the white man, who treats his mother the earth and his brother the sky as things to be bought, plundered, and sold, like sheep, bread or bright beads. In this way, the dogs of appetite will devour the rich earth and leave only a desert.

The white man is like a snake who eats his own tail in order to live. And the tail grows shorter and shorter.

El hombre blanco no lo entiende. Para él un trozo de tierra es como cualquier otro, porque es un vagabundo que llega de noche y toma de la tierra cuanto necesita. La tierra no es para él una hermana, sino una enemiga, y cuando la ha conquistado sigue su camino. Deja atrás las tumbas de sus ancestros y no le importa. Secuestra la tierra de sus hijos. Y no le importa. El hombre blanco olvida las tumbas de sus antepasados y el derecho natural de sus hijos. Trata a su madre, la tierra, y a su hermano, el cielo, como cosas que se pueden comprar, depredar y vender, como las ovejas, el pan o las cuentas de colores. De este modo, los perros del apetito devorarán la tierra fértil y dejarán solo un desierto.

El hombre blanco es como una serpiente que para alimentarse se come su propia cola. Y la cola se vuelve más y más pequeña.

Our ways are different from your ways. We do not live well in your cities, which seem like so many black warts on the face of the earth. The sight of the white man's cities pains the eyes of the red man like the sunlight which stabs the eyes of one emerging from a dark cave. There is no place in the white man's cities quiet enough to hear the unfurling of leaves in Spring or the rustle of insects' wings. In the white man's cities, one is always trying to outrun an avalanche. The clatter only seems to pierce the ears. But what is there to living if a man cannot hear the lonely cry of the thrush or the arguments of the frogs around a pond at night? But I am a red man and do not understand. I prefer the wind darting over the face of a pond and the smell of the wind itself, cleansed by a midday rain shower.

Nuestros caminos son distintos de los vuestros. Nosotros no vivimos bien en vuestras ciudades, que nos parecen verrugas negras sobre la faz de la tierra. Ver las ciudades del hombre blanco hace daño a los ojos del hombre de piel roja, como la luz solar hiere los ojos de quien sale de una cueva oscura. No hay lugar en las ciudades del hombre blanco que sea suficientemente silencioso como para poder escuchar el abrirse de las hojas en primavera o el susurro de las alas de los insectos. En las ciudades del hombre blanco siempre estás huyendo de una avalancha. El estrépito parece perforar los oídos. Ahora bien, ¿qué es la vida si no podemos escuchar el grito solitario del zorzal robín o los debates nocturnos de las ranas en torno a un estanque? Soy un hombre de piel roja y no lo entiendo. Prefiero la caricia rápida del viento sobre la superficie de un estanque o el olor del viento fresco tras un chaparrón de mediodía.

The air is precious to the red man, for all things share the same breath—the beasts, the trees and man, they are all of the same breath. The white man does not mind the foul air he breathes. Like a man in pain for many days, he is numb to the stench. But if we sell our land, you must remember that the air is precious to us, and our trees, and the beasts. The wind gives man his first breath and receives his last sigh. And if we sell you our land, you will keep it apart and sacred, as a place where even the white man can go to taste a wind sweetened by meadow flowers.

El aire es muy valioso para el hombre de piel roja, porque todos los seres compartimos el mismo aliento: los animales, los árboles y las personas, todos compartimos un solo aliento. Al hombre blanco no le importa el aire maloliente que respira. Como quien lleva sufriendo muchos días, ya no se da cuenta del hedor. Pero si os vendemos la tierra, tenéis que recordar que el aire es muy valioso para nosotros, como lo son los árboles y los animales. El viento brinda al ser humano su primer aliento y recibe su último suspiro. Y si os vendemos la tierra, la mantendréis íntegra y sagrada, como un lugar donde hasta el hombre blanco pueda ir a saborear el viento dulcificado por las flores de los prados.

So, we will consider your offer to buy our land. If we decide to accept, I will here and now make one condition: the white man must treat the beasts of this land as his brothers.

For us, the beasts are our brothers, and we kill only to stay alive. If we sell him this land, the white man must do the same, for the animals are our brothers. What is man without the beasts? Even the earthworm keeps the earth soft for man to walk upon. If all the beasts were gone, men would die from great loneliness. For whatever happens to the beasts, happens to man—for we are all of one breath.

Por eso consideraremos vuestra oferta de comprarnos la tierra. Si decidimos aceptar, aquí y ahora pongo una condición: el hombre blanco deberá tratar a los animales de esta tierra como a sus hermanos.

Para nosotros, los animales son nuestros hermanos y solo los matamos para vivir. Si vendemos esta tierra al hombre blanco, debe hacer lo mismo, porque los animales son nuestros hermanos. ¿Qué es el hombre sin los animales? Incluso la lombriz hace que la tierra sea blanda y podamos caminar sobre ella. Si todos los animales desaparecieran, moriríamos de una gran soledad. Todo lo que acontece a los animales, acontece al ser humano, puesto que compartimos el mismo aliento.

We will consider your offer to buy our land. Do not send men asking us to decide more quickly. We will decide in our time. Should we accept, I here and now make this condition: we will never be denied the right to walk softly over the graves of our fathers, mothers, and friends, nor may the white man desecrate those graves.

Consideraremos vuestra oferta de comprarnos la tierra. No nos enviéis mensajeros a pedirnos que decidamos más rápido. Lo decidiremos a nuestro ritmo. En caso de que aceptemos, aquí y ahora pongo esta condición: nunca se nos negará el derecho a caminar con delicadeza sobre las tumbas de nuestros padres, madres y amigos, ni tampoco el hombre blanco las profanará.

If we sell this land to you, I will make now this condition: You must teach your children that the ground beneath their feet responds more lovingly to our steps than to yours, because it is rich with the lives of our kin. Teach your children what we have taught our children, that the earth is our mother.

Whatever befalls the earth befalls the sons of the earth. If men spit upon the ground, they spit upon themselves. This we know. The earth does not belong to the white man, the white man belongs to the earth. This we know. All things are connected like the blood which unites our family. If we kill the snakes, the field mice will multiply and destroy our corn. All things are connected. Whatever befalls the earth, befalls the sons and daughters of the earth. Man did not weave the web of life; he is merely a strand in it. Whatever he does to the web, he does to himself.

Si os vendemos esta tierra, ahora pondré esta condición: debéis enseñar a vuestros hijos que la tierra bajo sus pies responde más cariñosamente a nuestros pasos que a los vuestros, porque está llena de las vidas de nuestros parientes. Enseñad a vuestros hijos lo que hemos estado enseñando a los nuestros, que la tierra es nuestra madre.

Lo que acontece a la tierra, acontece a los hijos de la tierra. Si los hombres escupen al suelo, están escupiendo sobre sí mismos. Esto sabemos. La tierra no pertenece al hombre blanco, sino que el hombre blanco pertenece a la tierra. Esto sabemos. Todas las cosas están conectadas, como la sangre que une a nuestra familia. Si matamos a las serpientes, los ratones se multiplicarán y destruirán nuestro maíz. Todas las cosas están conectadas. Lo que acontece a la tierra, acontece a los hijos y las hijas de la tierra. El hombre no tejió la red de la vida; solo es uno de sus hilos. Todo lo que le hace a la red, se lo hace a sí mismo.

No, day and night cannot live together. We will consider your offer. What is it that the white man wishes to buy?, my people ask me. The idea is strange to us. How can you buy or sell the sky, the warmth of the land? How can we sell these things to you and how can you buy them? Is the earth yours to do with as you will, merely because the red man signs a piece of paper and gives it to the white man? If we do not own the freshness of the air and the sparkle of the water, how can you buy them from us?

No, el día y la noche no pueden convivir. Consideraremos vuestra oferta. Pero mi pueblo me pregunta: «¿Qué es lo que el hombre blanco quiere comprar?». Es una idea extraña para nosotros. ¿Cómo se puede comprar o vender el cielo o el calor de la tierra? ¿Cómo os los podemos vender y cómo nos los podéis comprar? ¿Acaso la tierra es vuestra para hacer con ella lo que queráis, simplemente porque el hombre de piel roja firma un trozo de papel y se lo da al hombre blanco? Si no somos los propietarios de la frescura del aire y del centelleo del agua, ¿cómo nos los podéis comprar?

But we will consider your offer. In his passing moment of strength, the white man thinks that he is a god who can treat his mother (the earth), the rivers (which are his brothers), and his red brothers, as he wishes.

Tribes are made of men, nothing more. Men come and go, like the waves of the sea. The whites too shall pass, perhaps sooner than all other tribes. Continuing to contaminate his own bed, the white man will one night suffocate in his own filth.

Pero consideraremos vuestra oferta. En este instante en que se siente poderoso, el hombre blanco se cree un dios que puede tratar como quiera a su madre (la tierra), a los ríos (que son sus hermanos) y a sus hermanos de piel roja.

Las tribus están hechas de personas, nada más. Las personas llegan y se van, como las olas del mar. Los blancos también se irán, quizás antes que todas las demás tribus. Como no deja de contaminar su cama, el hombre blanco morirá una noche asfixiado por su propia suciedad.

But in his perishing the white man will shine brightly, fired by the strength of the god who brought him to this land and for some special purpose gave him dominion over this land. That destiny is a mystery to us, for we do not understand what living becomes when the buffalo are all slaughtered, the wild horses all tamed, and the secret corners of the forest are heavy with the scent of many men. Where is the thicket? Gone. Where is the eagle? Gone. The end of living and the beginning of survival.

Pero en su ocaso, el hombre blanco lucirá radiante, impulsado por la fuerza del dios que lo trajo aquí y que por algún motivo especial le concedió dominio sobre esta tierra. Ese destino es un misterio para nosotros, pues no entendemos qué es la vida cuando los bisontes son exterminados, los caballos salvajes son domados y los recovecos del bosque quedan saturados con el olor de muchos hombres. ¿Dónde está el matorral? Desapareció. ¿Dónde está el águila? Desapareció. Termina la vida y empieza la supervivencia.

CLAVES DEL DISCURSO
Palabras que reverberan a través del tiempo

Jordi Pigem

De Si'ahl a Seattle

Hace ahora medio siglo se difundió un discurso atribuido a un líder indígena norteamericano («indio», se decía antes). Había nacido hacia 1788 y se había convertido en jefe de la nación suquamish cuando tenía poco más de veinte años, tras liderar la lucha contra un centenar de guerreros que estaban a punto de atacar su poblado. Negoció muchas veces con los colonos blancos, y se ganó su respeto hasta el punto de que en 1852 bautizaron con su nombre la ciudad de Seattle (en la costa del Pacífico, en el extremo noroeste de los Estados Unidos de América). Se le suele llamar «jefe Seattle», pero es más respetuoso con su lengua, el lushootseed, transcribir su nombre como *Si'ahl*.

En 1887 se publicó en un periódico de Seattle una primera versión del discurso, que fue luego reproducida en diversas ocasiones. A partir de 1969, nuevas versiones intentaron reconstruir el discurso original. Una de ellas, escrita por Ted Perry, sirvió como guion de un documental producido en 1971 por la Southern Baptist Radio & Television. Los productores, sin embargo, añadieron y cambiaron muchas frases para que fuera más espectacular y encajara mejor con sus intereses. Ese texto, manipulado, se ha reproducido en docenas de idiomas y en incontables medios de comunicación, y a veces se ha creído, erróneamente, que el discurso era una carta al presidente de los Estados Unidos de América.

El discurso atribuido a Si'ahl nos invita a sentir que participamos en la red de la vida. Ha recibido múltiples elogios y también críticas, al constatarse que algunas de sus afirmaciones no podían ser históricamente ciertas. Por ejemplo, el texto del documental hace decir al jefe Si'ahl: «He visto mil bisontes pudriéndose en las praderas», pero él vivía en la costa del Pacífico y nunca visitó las Grandes Llanuras, al otro lado de las Montañas Rocosas. Es posible que oyera hablar del brutal exterminio de los bisontes que ya entonces se producía, como parte de la guerra contra los indígenas de las praderas, pero no podía haberlo visto. La población de bisontes en los Estados Unidos, que ahora lentamente vuelve a recuperarse, pasó de decenas de millones antes de 1800 a solo unos trescientos en 1900.

En resumen, podemos decir lo siguiente: a mediados del siglo XIX, en la zona costera conocida como Puget Sound, en la que hoy se halla la ciudad de Seattle, el jefe Si'ahl era el líder indígena más respetado, tanto por los nativos como por los recién llegados inmigrantes de habla inglesa. En enero de 1854, el gobernador Stevens visitó la zona y quiso entrevistarse con los nativos. Ninguna de las versiones del discurso de Si'ahl recoge sus palabras literales. Pero tampoco es, en cualquier caso, una simple ficción. Es un intento de recrear las palabras perdidas de un líder indígena enormemente elocuente según los testimonios de la época.

En los pueblos (o naciones, como suelen llamarse a sí mismos) indígenas de Norteamérica, se valoran muchísimo la elocuencia y la honestidad, cualidades sin las cuales nadie puede llegar a convertirse en líder. Para ellos la palabra viva y auténtica es sagrada. Todavía existen hoy en el mundo unas cinco mil naciones indígenas, adaptadas a todo tipo de climas (del desierto australiano al Ártico) y especialmente presentes en el corazón de les selvas tropicales (Amazonia, sudeste de Asia, África central). Cinco mil naciones con sus correspondientes culturas y lenguas, unas cien de las cuales se extinguen cada año. Y con cada lengua que se pierde, se cierra una ventana al mundo.

«La tierra es nuestra madre»

En los últimos siglos, los hombres (y también, aunque menos, las mujeres) occidentales (más que los de otras culturas) se han esforzado en conquistar la naturaleza. Hemos ido sustituyendo lo natural por lo artificial, sobre todo en las ciudades. Hemos construido un laberinto cada vez más insostenible, ecológicamente y psicológicamente. Tan insostenible que tarde o temprano se derrumbará. En palabras de nuestro texto: «Como no deja de contaminar su cama, el hombre blanco morirá una noche asfixiado por su propia suciedad».

La conquista de la naturaleza ha ido de la mano con la conquista de los pueblos indígenas y sus territorios. Para los nativos norteamericanos, la pérdida de sus tierras (al ser desplazados a reservas o al anonimato de las ciudades, donde se les suele despreciar) es la pérdida de una parte esencial de su identidad y de lo que da sentido a sus vidas. Esto, sumado a su marginación social, económica y cultural, ha llevado a muchos de ellos al alcoholismo y otras adicciones. Otros, afortunadamente, resisten.

En abril de 2016, Ladonna Brave Bull Allard, una mujer lakota que vivía en la reserva de Standing Rock, fundó con sus nietos el campamento Sacred Rock para protestar contra la construcción de un oleoducto. Se sumaron miles de personas y dio lugar a la protesta indígena más multitudinaria de las últimas décadas en los Estados Unidos, que ha quedado grabada en diversas filmaciones. Intentaron preservar la integridad de su territorio ancestral, resistiendo de manera pacífica y rezando en defensa del agua y de la «Madre Tierra». Nuestro discurso también afirma que «la tierra es nuestra madre».

Entender a la Tierra como un ser vivo y con propósito del que nace la vida (como una «madre») es habitual en los pueblos indígenas de todas las latitudes. Esta visión tiene mucho que ver con la capacidad de las comunidades indígenas de vivir en armonía con su entorno. Parece una noción precientífica, pero no podemos descartar que lo que los pueblos indígenas han intuido durante milenios acabe siendo comprobado por la ciencia. Al fin y al cabo, cuanto más a fondo estudiamos científicamente la biosfera, más nos damos cuenta de que sus procesos de autorregulación (que hacen que la vida sea posible) desbordan nuestra comprensión. Por otra parte, la noción de «Madre Tierra» o Pacha Mama está hoy oficialmente reconocida en la Constitución de Ecuador, cuyo artículo 71 comienza declarando: «La naturaleza o Pacha Mama, donde se reproduce y realiza la vida, tiene derecho a que se respete integralmente su existencia y el mantenimiento y regeneración de sus ciclos vitales».

La edición de 1887

A finales del siglo XX se empezó a rescatar la versión más antigua del discurso de Si'ahl, publicada por el doctor Henry Smith el 29 de octubre de 1887 en el *Seattle Sunday Star*. Según su testimonio, el doctor Smith había estado presente en el encuentro entre el jefe Si'ahl y el gobernador Isaac Stevens, representante del gobierno de los Estados Unidos, y había tomado notas de las palabras del jefe indígena. Smith empieza elogiando la presencia impactante del jefe Si'ahl, la expresividad de sus ojos y su reconocida elocuencia, y pasa a reproducir el discurso con lo que parecen palabras literales. Pero aquí también hay elementos que no encajan.

Para empezar, el encuentro del jefe Si'ahl con el gobernador Stevens tuvo lugar el 12 de enero de 1854. Cuando el doctor Henry Smith publicó una reconstrucción del discurso a partir de sus anotaciones, ya habían pasado treinta y tres años. Pero según la tradición oral de los ancianos del pueblo suquamish, el doctor Smith les enseñó sus anotaciones y les fue consultando antes de publicar su versión del discurso. Así lo explicaron a Eli Gifford, que en 2015 publicó *The many speeches of Chief Seattle (Seathl)* ['Los muchos discursos del jefe Seattle (Seathl)'], donde reproduce doce versiones del discurso atribuido a Si'ahl.

Por otra parte, Si'ahl nunca llegó a hablar inglés. Hablaba lushootseed, lengua que, como los bisontes, estuvo a punto de extinguirse y ahora empieza a recuperarse lentamente. El lushootseed solo era hablado por una docena y media de abuelos en 1992 y perdió a su última hablante nativa en 2008, cuando murió la anciana Vi Hilbert. Pero Vi Hilbert colaboró con lingüistas y antropólogos para escribir gramáticas y diccionarios de lushootseed, que ahora sirven para enseñar a los jóvenes.

El lushootseed, sin embargo, no era la lengua indígena más hablada en la costa del Pacífico. Para la mayoría de intercambios comerciales se utilizaba el chinook, lengua que conocía el intérprete del gobernador Stevens. Las palabras en lushootseed de Si'ahl tuvieron que ser traducidas al chinook y del chinook al inglés. En este doble proceso de traducción, se empaña la vitalidad y la elocuencia del discurso original. Pero aunque no entendamos una lengua, podemos percibir muchas cualidades de un buen discurso si prestamos atención. Tal vez por eso el doctor Smith intentó recrear la potencia original de las palabras de Si'ahl con los recursos de la alta cultura inglesa. Pero se excedió.

Recrear lo que se perdió

En su versión de 1887, Smith pone en boca del jefe Si'ahl un inglés barroco, rebuscado y lleno de imágenes literarias que parecen proceder de autores como Milton, Lord

Byron y Ralph Waldo Emerson. De ello se dio cuenta especialmente el profesor William Arrowsmith, erudito multilingüe y uno de los mejores traductores poéticos de su tiempo. Arrowsmith fue el primero que intentó recrear, en el siglo xx, lo que podía haber sido el discurso original. Consultó a las autoridades indígenas de la zona donde había vivido Si'ahl, eliminó los excesos estilísticos de la versión de Smith y publicó su versión en la revista académica *Arion*, que él mismo dirigía.

Arrowsmith era en ese momento profesor en la Universidad de Texas. Su amigo Ted Perry, profesor de la misma universidad, hizo una nueva versión del discurso en 1970. En la edición que tienes en las manos, recuperamos el texto original de Ted Perry, ligeramente abreviado: hemos eliminado los breves párrafos finales, en los que el texto pierde intensidad, así como diversas frases que ahora parecen históricamente cuestionables. Ted Perry siempre ha querido que se le reconozca como autor del texto (sin haber pedido nunca por ello derechos de reproducción) y que se haga constar que se inspiró en lo que podía haber dicho el jefe Si'ahl. Sin Si'ahl, no existiría el texto de Perry.

El texto de Perry ha sido acusado de poner en boca de Si'ahl la conciencia ecológica de los occidentales. Pero eso solo puede decirse desde el desconocimiento de la espiritualidad centrada en la naturaleza que caracteriza a los pueblos primordiales de todos los continentes. El vínculo entre la dimensión ecológica y la dimensión espiritual en las culturas indígenas empezó a ser reconocido por los antropólogos a partir de los estudios de Roy Rappaport, en los años sesenta del siglo xx. En noviembre de 1997 se celebró en la Universidad de Harvard un gran simposio sobre este tema (recogido en la obra colectiva *Indigenous Traditions and Ecology*), con la participación tanto de expertos académicos como de representantes indígenas de todos los continentes y con voluntad de aprendizaje mutuo.

La frase «Cada parte de esta tierra es sagrada para mi pueblo», que hemos puesto como título de esta edición, ya aparece en la primera versión de 1887. Un líder indígena elocuente como era Si'ahl podía haber afirmado perfectamente que no estamos por encima de la red de la vida, sino que formamos parte de ella, y que no se puede comprar la tierra del mismo modo que no se puede comprar o vender el cielo.

Ted Perry dio al texto una estructura más repetitiva, muy propia de las tradiciones orales, y dio más peso a la visión espiritual de la tierra y de la red de la vida, característica de las culturas indígenas, con frases luminosas. Como ya hemos dicho, el texto recreado por Perry fue posteriormente alterado en el documental que contribuyó decisivamente a divulgar el discurso.

La fuerza de la tradición oral

Durante la mayor parte de la historia humana, la comunicación ha sido oral y presencial, con personas que hablan cara a cara, en una sinfonía de gestos, matices y miradas que se desdibuja cuando nos comunicamos por escrito. La escritura es un invento relativamente reciente. De hecho, muchos de los personajes más influyentes de la historia, como Gautama Buda, Sócrates, Jesús o Muhammad, no escribieron nada en toda su vida. Fueron sus discípulos quienes, años o generaciones después, pusieron por escrito lo que recordaban o habían oído decir de sus enseñanzas.

Platón, que puso por escrito lo que había aprendido de su maestro Sócrates, y que construyó su filosofía a base de diàlogos, menciona una leyenda egipcia sobre la invención de la escritura. El dios Thoth se presentó ante el faraón de Egipto, Thamus, para mostrarle una serie de inventos que supuestamente mejorarían la vida de las personas. Uno de tales inventos era la escritura. Thoth dijo al faraón que gracias a la escritura las personas podrían anotar las cosas para recordarlas después y por tanto tendrían más memoria. Pero Thamus desmontó ese argumento. Respondió que, al confiar en lo que está escrito, las personas ejercitarían cada vez menos la memoria y, en vez de desarrollarla, la irían perdiendo.

La leyenda que nos narra Platón apunta a algo muy cierto. Fíjate que, cuanto más dejamos que la tecnología haga lo que podríamos hacer nosotros, más dejamos de ejercitar ciertas capacidades y las vamos perdiendo: el uso de calculadoras hace que dejemos de practicar la capacidad de cálculo, y el uso del GPS hace que disminuya la capacidad de orientación. Por otra parte, sabemos que en las culturas orales es habitual que haya personas capaces de recitar de memoria durante horas o días. En la antigua Grecia, los más de 15.000 versos de la *Ilíada* y los más de 12.000 versos de la *Odisea* eran recitados de memoria por los bardos. Esta tradición oral solo empezó a perderse cuando, siglos después, estos relatos se pusieron por escrito y se convirtieron en los primeros grandes textos de la cultura europea. Podríamos dar ejemplos semejantes de todas las grandes tradiciones orales de la humanidad, incluidas muchas naciones indígenas. La oralidad es la forma primordial del lenguaje. El lenguaje es básicamente habla, y la palabra es básicamente palabra hablada. Nuestros escritos son un reflejo o una sombra, no la luz originaria.

«Lo que acontece a la tierra, acontece a los hijos y las hijas de la tierra»

En el lenguaje oral es habitual repetir diversas veces lo esencial de lo que queremos transmitir. En un texto escrito, el lector puede volver a leer unas líneas para clarificar o entender mejor una idea, pero en un discurso oral eso no es posible y por tanto tenemos que ser más claros e insistir en lo que es más importante. Nuestro discurso insiste, pro ejemplo, en los vínculos de hermandad que conectan a todos los seres. Varias veces se nos dice que la tierra es una «madre» y se nos da media docena de ejemplos, en diversos momentos, de como todos los hijos e hijas de esta madre son hermanos y hermanas, o al menos «miembros de la misma familia»: el ser humano, todos los animales, los árboles y las flores fragantes, los ríos e incluso «las crestas rocosas» y «el vigor de los prados». Esta imagen de hermandad queda además reforzada al señalar, en tres ocasiones, que todos «compartimos el mismo aliento». En este mundo rebosante de vida, el agua que vemos fluir no es una simple sustancia química, sino «la sangre de nuestros antepasados».

En la cosmovisión de la mayoría de pueblos indígenas, todo está vivo y todo está relacionado. Es fácil, en este contexto, ver que todo es sagrado, como señala la frase que encontramos al principio: «Cada parte de esta tierra es sagrada para mi pueblo». La idea de que la tierra es sagrada aparece después reiteradamente. Por ejemplo: «Esta tierra es sagrada para nosotros. Nos encantan sus bosques y sus arroyos que danzan».

Las continuas alusiones a la vida común que compartimos con todos los seres de la naturaleza, y la idea misma de que la tierra es sagrada, nos ayudan a entender la manera de estar en el mundo del pueblo de Si'ahl y, en general, de los pueblos indígenas o primordiales. Pongamos un ejemplo reciente, de cuando redactábamos estas líneas. En la primavera de 2019 la nación lummi (o lhaq'temish), un pueblo indígena de la misma familia que el de Si'ahl (los llamados pueblos salish de la costa), expresó su consternación ante la difícil situación de las orcas que viven en el Puget Sound, a causa de la contaminación y de la escasez de su alimento favorito, el salmón. Los líderes de la nación lummi se hicieron a la mar para lanzar salmones vivos a las orcas, entre cánticos, oraciones y ritmo de tambores. ¿Por qué? Porque los lummi consideran que las orcas son miembros de su familia y sienten la obligación de hacer lo que puedan por ellas.

Una vez empezamos a comprender esta cosmovisión, podemos entender mejor el punto clave del discurso: Si'ahl considera absurda la pretensión del gobierno norteamericano de comprar las tierras de su pueblo. La idea de comprar la tierra es muy extraña para la mentalidad indígena, y así lo indica el discurso con una pregunta retórica, que se despliega con imágenes diversas y complementarias:

> Pero mi pueblo me pregunta: «¿qué es lo que el hombre blanco quiere comprar?». Es una idea extraña para nosotros. ¿Cómo se puede comprar o vender el cielo o el calor de la tierra? ¿Cómo os los podemos vender y cómo nos los podéis comprar?

Ahora bien, aunque la propuesta de comprar la tierra resulte extraña o absurda, el pueblo de Si'ahl no ha perdido la capacidad de escuchar. En nombre de su pueblo, Si'ahl dice repetidamente que considerarán la oferta que les hace el gobierno norteamericano. Pero lo harán sin prisas: «Lo decidiremos a nuestro ritmo». Los pueblos indígenas no viven en nuestro tiempo lineal y cada vez más acelerado.

«El hombre blanco es como una serpiente que para alimentarse se come su propia cola»

Un buen discurso no solo ha de defender una opinión, sino mostrar por qué no hay otras opciones. Los colonizadores blancos creen tener una visión del mundo más avanzada, pero Si'ahl señala que están equivocados: «El hombre blanco no lo entiende. Para él una parte de la tierra es como cualquier otra». El hombre blanco ha creado un mundo, el de las ciudades, que a Si'ahl le parece claramente malsano:

> Nosotros no vivimos bien en vuestras ciudades, que nos parecen verrugas negras sobre la faz de la tierra. Ver las ciudades del hombre blanco hace daño a los ojos del hombre de piel roja [...].

No hay lugar en las ciudades del hombre blanco que sea suficientemente silencioso como para poder escuchar el abrirse de las hojas en primavera o el susurro de las alas de los insectos. En las ciudades del hombre blanco siempre estás huyendo de una avalancha. El estrépito parece perforar los oídos.

[...] Al hombre blanco no le importa el aire maloliente que respira. Como quien lleva sufriendo muchos días, ya no se da cuenta del hedor.

Si'ahl afirma que este proceso de ir sustituyendo la naturaleza por un mundo cada vez más artificial solo puede llevar al desastre:

El hombre blanco es como una serpiente que para alimentarse se come su propia cola. Y la cola se vuelve más y más pequeña.

Otra forma de referirse a ese desastre son las frases con las que concluye el discurso:

No entendemos qué es la vida cuando los bisontes son exterminados, los caballos salvajes son domados y los recovecos del bosque quedan saturados con el olor de muchos hombres. ¿Dónde está el matorral? Desapareció. ¿Dónde está el águila? Desapareció. Termina la vida y empieza la supervivencia.

Esta conclusión describe un proceso que sigue en marcha hoy, más de un siglo y medio después de la muerte del jefe Si'ahl. Pero el discurso también tiene otra conclusión, toda una lección de sabiduría que no debemos olvidar:

Lo que acontece a la tierra, acontece a los hijos y las hijas de la tierra. El hombre no tejió la red de la vida; solo es uno de sus hilos. Todo lo que le hace a la red, se lo hace a sí mismo.

Logos, pathos y *ethos*

El filósofo Aristóteles, en su *Retórica*, menciona tres formas de persuasión que un buen orador ha de utilizar para ser convincente: la persuasión a través del razonamiento (*logos*), la persuasión a través de los sentimientos y emociones (*pathos*) y la persuasión a través de la calidad moral que emana del orador y de su discurso (*ethos*). El *pathos*, la dimensión emocional, está presente en prácticamente todo el texto, con las continuas imágenes de hermandad entre todos los seres vivos, con las imágenes llenas de vida con las que se describe la naturaleza y con las poderosas imágenes con las que se critica la vida artificial y a menudo absurda del hombre blanco. También se dirigen a la dimensión emocional las imágenes con las que Si'ahl explica que la historia de su pueblo está presente en cada pedazo de su tierra:

> La savia que recorre los árboles lleva los recuerdos del hombre de piel roja.
>
> [...] Cada reflejo espectral en las aguas cristalinas de los lagos habla de acontecimientos y recuerdos en la vida de mi pueblo. El borboteo del agua es la voz del padre de mi padre.
>
> [...] Para nosotros, las cenizas de los antepasados son sagradas. Las tumbas son tierra santa, y también estas colinas y estos árboles. Este trozo de tierra ha sido consagrada a nosotros.

Pero en el discurso podemos observar también las otras dos formas de persuasión que menciona Aristóteles, *ethos* y *logos*. La calidad moral o ética (*ethos*) resulta evidente cuando se nos dice que el presidente de los Estados

Unidos («el Gran Jefe de Washington») puede confiar en las palabras de Si'ahl tanto como confía en «el regreso de las estaciones», es decir, en el hecho de que después del invierno vendrá la primavera y después de la primavera vendrá el verano. Para los pueblos primordiales, como para toda persona digna en cualquier momento de la historia, la honestidad es un valor esencial. Nada que ver con el cinismo y la «post-verdad» que hoy padecemos y que ya empezaban a asomar en la época de Si'ahl: el gobierno de los Estados Unidos de América incumplió sistemáticamente más de trescientos tratados que había firmado con las naciones indígenas.

La persuasión a través del razonamiento o *logos* también se halla presente en el discurso. Su idea central es que la tierra no se puede comprar. Si'ahl lo argumenta como conclusión lógica del hecho que la tierra es sagrada, está viva y es nuestra madre:

> ¿Acaso la tierra es vuestra para hacer con ella lo que queráis, simplemente porque el hombre de piel roja firma un trozo de papel y se lo da al hombre blanco? Si no somos los propietarios de la frescura del aire y del centelleo del agua, ¿cómo nos los podéis comprar?

También se utiliza el razonamiento, como hemos visto antes, al mostrar que la propuesta de comprar sus tierras va ligada a una visión del mundo y a un camino que nos alejan cada vez más de la naturaleza. Una visión del mundo y un camino que no tienen futuro y que nos toca cambiar.

Espiritualidad y ecología indígenas

Lo que hoy llamamos *ecología* es nuestro intento, parcial y tardío, de recuperar una relación sana y sensata con el entorno, una relación que la mayoría de pueblos indígenas han sabido preservar, a menudo durante milenios. Sabemos que, a veces, en su relación con el entorno, los pueblos indígenas han cometido excesos, pero en la inmensa mayoría de los casos han sabido mantener e incluso incrementar la salud ecológica de su territorio. Hay estudios científicos recientes que muestran que, en la selva amazónica, en zonas habitadas desde hace como mínimo 8.000 años por comunidades indígenas, la biodiversidad no ha disminuido, sino que ha aumentado. Nosotros, en cambio, podemos realizar algunas acciones ecológicamente sensatas, pero colectivamente nuestro impacto en el entorno es negativo. Podemos decir que los pueblos indígenas, en la medida en que saben escuchar a la naturaleza, son los verdaderos maestros de la sostenibilidad.

No se trata, sin embargo, de la sostenibilidad como una especialidad más, sino como forma de vida en armonía con el entorno y con el mundo. En el universo indígena, las dimensiones social, ecológica y espiritual no son tres ámbitos separados, como pueden parecernos a nosotros, sino tres aspectos de una misma realidad. Ningún ámbito de la naturaleza está separado de la espiritualidad.

La espiritualidad ecológica que caracteriza a los pueblos indígenas queda bellamente expresada en estos versos de la poeta Joy Harjo, de la nación muskogui (del poema «Remember», de su libro *She had some horses*):

Remember the earth whose skin you are:
red earth, black earth, yellow earth, white earth
brown earth, we are earth.
Remember the plants, trees, animal life who all have their
tribes, their families, their histories, too. Talk to them,
listen to them. They are alive poems.
Remember the wind. Remember her voice. She knows the
origin of this universe.
Remember you are all people and all people
are you.
Remember you are this universe and this
universe is you.
Remember all is in motion, is growing, is you.
Remember language comes from this.
Remember the dance language is, that life is.
Remember.

Recuerda la tierra, de la que eres la piel:
tierra roja, tierra negra, tierra amarilla, tierra blanca,
tierra marrón, somos tierra.
Recuerda las plantas, los árboles, la vida animal, todos tienen
sus tribus, sus familias y también sus historias.
Háblales, escúchalos. Son poemas vivientes.
Recuerda el viento. Recuerda su voz, que conoce
el origen del universo.
Recuerda que tú eres todas las personas
y todas las personas son tú.
Recuerda que tú eres este universo
y este universo es tú.
Recuerda que todo se mueve, todo crece, todo es tú.
Recuerda que el lenguaje viene de aquí.
Recuerda la danza que es el lenguaje, que es la vida.
Recuerda.

Recordar lo que hemos olvidado

La experiencia indígena de la realidad sorprendió enormemente a los europeos que leían las descripciones que a partir del siglo XVI llegaban de las Américas. De ahí surgieron exageraciones, como la del *buen salvaje* de Rousseau (que en cualquier caso no se basaba en fantasías, sino en descripciones genuinas de comunidades indígenas). Los pueblos indígenas no han vivido históricamente en ningún paraíso, pero tenemos mucho que aprender de ellos, más de lo que pudiera parecer.

Jefferson, Adams, Franklin y otros fundadores de los Estados Unidos fueron influidos por la Gayanashagowa (la constitución oral de las naciones iroquesas, unidas en un modelo federal en la zona alrededor del actual estado de Nueva York) en su ideal de un gobierno basado en el pueblo, en la libertad y en la igualdad. La Gayanashagowa, además, equilibraba el poder de las mujeres y de los hombres (en muchos ámbitos daba más poder a las mujeres) y establecía el criterio de la séptima generación: ten en cuenta las repercusiones de tus actos en la séptima generación que caminará tras tus pasos, es decir, en los tataranietos de tus bisnietos.

En 1978, más de un siglo después de la muerte del jefe Si'ahl, la Haudenosaunee o confederación de las seis naciones iroquesas hizo pública una «Llamada básica a la conciencia» (*A Basic Call to Consciousness*) dirigida al mundo occidental, que incluye afirmaciones como las siguientes:

La destrucción de las culturas y pueblos indígenas es parte del mismo proceso que ha destruido y sigue destruyendo la vida sobre la Tierra. Las tecnologías y sistemas sociales que han destruido la vida vegetal y animal están destruyendo los pueblos nativos. [...] El sistema de reservas empleado contra nuestros pueblos es un microcosmos del sistema de explotación empleado contra todo el mundo. [...] Los pueblos indígenas tradicionales tenemos la clave para revertir los procesos de la civilización occidental que amenazan con un futuro inimaginable de sufrimiento y destrucción. La espiritualidad es la forma más elevada de conciencia. Y nosotros, los pueblos indígenas de las Américas, estamos entre quienes han sabido preservar este tipo de conciencia.

Otros pueblos indígenas han hecho llamamientos al mundo occidental pidiéndonos que recuperemos la cordura. Destacan, entre otros, el discurso del líder hopi Thomas Banyacya ante la Asamblea de Naciones Unidas en Nueva York, así como el mensaje que el pueblo kogui, de la Sierra Nevada de Santa Marta, en Colombia, envió a sus «hermanos menores» (nosotros, que tenemos una experiencia mucho menos ancestral).

¿Una visión romántica o una sabiduría que hay que escuchar?

¿Tiene razón el discurso? No podemos pronunciar un buen discurso si no creemos profundamente en lo que decimos. Tenemos que creerlo y tenemos que entenderlo a fondo. Las palabras atribuidas a Si'ahl tienen fuerza porque, aunque al principio pueden resultar sorprendentes, en el fondo sabemos o intuimos que son verdaderas.

Hay lugares donde hoy la cultura moderna empieza a escuchar la sabiduría ancestral. Destaca el caso de Nueva Zelanda, donde el gobierno ha empezado a escuchar y aceptar las peticiones del pueblo maorí (el pueblo indígena que allí vivía desde siglos antes de la llegada de los blancos). A raíz de ello varios lugares de Nueva Zelanda han sido oficialmente reconocidos no como simples territorios, sino como «personas». En 2014, lo que hasta entonces era el Parque Nacional de Te Urewera pasó a ser declarado persona jurídica con entidad propia, que no pertence al estado sino a sí misma. En 2017 el gobierno de Nueva Zelanda concedió también la condición jurídica de persona al río Whanganui, el tercero más largo del país. Chris Finlayson, fiscal general de Nueva Zelanda, declaró que el gobierno había entendido la perspectiva del pueblo maorí, en la que el territorio forma parte de su identidad: «yo soy el río y el río es yo». En 2018, el gobierno de Nueva Zelanda otorgó la condición de persona al Monte Taranaki.

Hoy, en el siglo XXI, ha llegado la hora de entender la sabiduría que transmiten discursos como el que aquí presentamos. Con nuestras tecnologías resplandecientes (pero a menudo insostenibles) y con nuestros conocimientos tan precisos (pero a menudo fragmentarios e irrelevantes), nos puede resultar fácil caer en la mentalidad colonialista que nos invita a creernos superiores a los pueblos indígenas. Y sin embargo, ¿de verdad entendemos mejor que ellos la aventura de la vida, el prodigio de la naturaleza y el misterio del mundo?

AKIPARLA   LA FUERZA DE LA PALABRA